ARCHITECTURE & CIE / ÉTAT & LIEUX
COLLECTION DIRIGÉE PAR HUBERT TONKA

ERIC OWEN MOSS

ARCHITECTE

LINDBLADE TOWER & PARAMOUNT LAUNDRY

RECONVERSION A CULVER CITY, CALIFORNIE, USA

TEXTE & PHOTOGRAPHIES DE

OLIVIER BOISSIERE

LES ÉDITIONS DU DEMI-CERCLE

OLIVIER BOISSIÈRE

Sur ses visiteurs, et particulièrement sur ceux venus du vieux continent, la Californie exerce une fascination ambiguë. L'émerveillement est spontané devant la nature — purement artificielle — le climat — idéal — le mode de vie — hédonique — et la production — phénoménale — de clichés luxueux et colorés, magnifiés par le cinéma. Cet engouement impulsif est vite modéré par la conscience d'une vulgarité rampante, d'un exhibitionnisme naïf et d'une évidente superficialité. Un peu comme au mélodrame, le visiteur séduit se défend de son émotion par une réaction outrée de mépris condescendant. Ce qui, bien sûr, est pure injustice. Il y a un peu de ce mélange de fascination et de répulsion dans la réputation dont jouit l'architecture californienne. Incontestée dans les œuvres de quelques grands maîtres et héros, Bernard Maybeck et les frères Greene, Irving Gill et Frank Lloyd Wright, les émigrés viennois, importateurs de l'esprit européen, Richard Neutra et Rudolph Schindler, elle rencontre bien vite l'incompréhension, voire l'hostilité, lorsqu'elle manifeste les signes d'une vitalité propre. De son caractère original, on ne retient alors que des exemples extrêmes, des caricatures. La ville de Los Angeles est particulièrement visée. On lui imputerait volontiers l'invention de l'autoroute et celle de l'urbanisme de la périphérie. La critique de la ville américaine et des méfaits de l'automobile entamée dès 1924 par Lewis Humford n'eut jamais d'effets notables. Comme si l'automobile était allée, pour ainsi dire, plus vite que l'homme. Il faudrait ainsi cesser de juger Los Angeles à l'aune des villes européennes et même de celles de la côte Est — ce qui ne saurait l'absoudre de ses défauts éclatants — et considérer l'architecture californienne dans son « climat » particulier où doivent figurer en bonne place une économie fiévreuse et sa maladie infantile, le standing ostentatoire, les feux de la légende du cinéma et une

California exercises an ambiguous fascination over visitors, especially those from the old world. Their first reaction is one of spontaneous amazement at the purely artificial vegetation, ideal climate, hedonistic lifestyles and phenomenal production of luxuriant, brightly-coloured cliches ; yet the awareness of rampant vulgarity, naive exhibitionism and evident superficiality quickly replaces this impulsive infatuation, which the charmed visitor fends off with outraged and scornful condescension. Which is, of course, quite unjust.

There is something of this mixture of fascination and repugnance in critical responses to Californian architecture. The works of a number of great masters and heroes — Bernard Maybeck and the Greene brothers, Irving Gill and Frank Lloyd Wright, or the Viennese *émigrés* who brought the European spirit with them, Richard Neutra and Rudolph Schindler — are justly reputed ; but signs of local vitality are met with incomprehension and even hostility, and their original character is perceived only in extreme cases, as caricature. Los Angeles is reserved for special opprobrium, being accused of all manner of crimes from the invention of the motorway to suburban sprawl. Yet criticisms of the American city and the automobile, as pioneered by Lewis Mumford in 1924, have remained more or less a dead letter. It is as if the automobile had, so to speak, moved faster than man. One ought thus to abandon invidious comparisons between LA and the European city (and even those of the East Coast) — comparisons which cannot absolve its conspicuous failings ; Californian architecture must be viewed in the light of its own specific « climate » — its feverish economy and infantile pathologies, ostentatious display of wealth, names in lights and surface (celluloid) culture — alongside Reyner Banham's four ecologies : beach (surfurbia),

culture de surface (de pellicule) aux côtés des quatre écologies distinguées par Reyner Banham : la plage (Surfurbia) le pied des collines, la banlieue (les plaines du « ça ») la bagnole (Autopia).

Les meilleures architectures angelines appartiennent à deux courants distincts (auxquels il arrive de se croiser) : une tradition raffinée possédant des racines lointaines dans les « Arts and Crafts » et a contrario une disposition à l'avant-garde avec des penchants (modérément) sociaux. Ces courants souvent opposés par commodité savent parfois se conjuguer en dépit de leur éloignement apparent (sinon où se situeraient certaines maisons de Craig Ellwood, de Charles Moore ou de John Lautner ?). Depuis deux décennies, ils coexistent, pacifiquement.

Eric Owen Moss appartient à la génération des architectes de Los Angeles qui émerge à la fin des années soixante dix au moment même où s'épanouit l'œuvre de Frank Gehry. Une complicité diffuse s'instaure entre l'architecte sur la voie de la reconnaissance et le groupe de jeunes gens qui formera le noyau de la nouvelle école de SCIARO.

Ce qu'ils possèdent en commun, c'est une attention aiguë portée au contexte angeleno (un « chaos ») et aux matériaux qui le composent.

De tous, Moss est sans doute le plus sensible à la culture populaire, le plus « Venturesque » en quelque sorte. Dès ses premiers projets et constructions, il manifeste son goût pour les couleurs acidulées, aborde des thèmes Pop avec une maison en forme de billard électrique, use du super-graphisme sur ses façades et exprime ses intérêts personnels dans ses projets (l'échiquier noir et rouge de sa « fun-house » ou la *reine du concours* pour le Chicago Tribune), le tout, épicé d'un humour caustique dont on peut avancer qu'il représente, pour *ce costaud aux dehors bourrus*, la meilleure arme de défense. C'est à mi-chemin entre cette distance facétieuse et le goût de la belle ouvrage que se situeraient les détournements et les recyclages dont le travail de Moss est coutumier.

Témoins, ici, les buses de grès rouge vitrifiées, banales conduites d'égout dont il fait une colonnade chancelante, avant de les exhiber *ouvertes et mises en œuvre avec un soin méticuleux* ; ou les barreaux de fenêtres, simples ferraillages à béton, patinés et détaillés avec minutie. Derrière une désinvolture de façade, Moss dissimule (mal) le caractère volontiers savant (et parfois même un peu compliqué) de son art. On n'en veut pour preuves, ici, que la manière habile dont il négocie le désaxement de sa tour, passant de l'alignement du boulevard Ince à celui de la rue Lindblade ou la façon brillante dont il opère ses trois *surélévations* dans le toit du bâtiment Paramount Laundry, celle dont il fabrique une entrée monumentale en y insérant un escalier autour d'un puits de lumière ou celle encore qui lui permet de passer une passerelle *nette* au travers d'une rangée de fermes.

Culver City est une sorte de non-lieu qui pourrait appartenir aux « plains of Id » de Reyner Banham, coincé entre deux autoroutes, aux confins de deux banlieues résidentielles, Palms au nord-ouest, Balwin Hills au sud-est, écartelé par deux boulevards courant d'est en ouest. Ses *titres de gloire* sont minces : un studio de cinéma antique, fondé par Thomas Ince en 1915, ceux de la Metro Goldwyn Mayer, le « Culver », cinéma flamboyant des années cinquante, aujourd'hui en ruines, et, d'un intérêt plus actuel peut-être, une succursale Harley Davidson dont jaillissent des machines vombrissant de tous leurs chromes.

Dans cet environnement à l'abandon où achèvent de se déglinguer de petites industries déclinantes, Moss et son maître d'ouvrage apportent une lueur d'optimisme. Ce n'est pas seulement le soin apporté à la reconversion des deux bâtiments mais tout le traitement du « block » qui est exemplaire : les murets plantés, l'asphalte nette et le dessin strict du parking et même la manière discrète de refermer l'angle nord-est avec le même parpaing à deux faces qui orne la façade du bâtiment Lindblade, sont les signes éloquents d'un renouveau possible. Avec un respect discrètement ironique à l'égard de l'urbanisme commercial vernaculaire, Eric Moss restitue à ce petit morceau de ville sa dignité perdue et effectue un geste d'une généreuse urbanité.

foothills, suburbs (the Plains of Id) and the motor-car (autopia).

The best Los Angeles architects reflect two distinct trends : a refined tradition with far-flung roots in the Arts and Crafts movement, and a predisposition to avant-garde with its (moderate) social tendencies. These two currents, often contrasted for the sake of convenience, are sometimes combined despite ostensible contradictions (if not, how could one interpret certain houses by Craig Elwood, Charles Moore or John Lautner ?). For the last two decades they have, in fact, co-existed. Pacifically.

Eric Owen Moss belongs to the generation of Angelinos architects which emerged at the end of the seventies, when Frank Gehry was coming into his own. At this time, a vague complicity emerged between the up-and-coming architect and the group of young people who later formed the nucleus of the SCIARO school.

What they have in common is a keen concern for the Los Angeles context (« chaos ») and its constituent materials.

Of this group, Moss is doubtless the most sensitive to sub-culture — he is, so to speak, the most « Venturian ». His first designs and buildings bore witness to a taste for electric colours, « pop » themes (with a house in the shape of a pinball machine), the super-graphic treatment of façades, and some more personal preoccupations (the black-and-white chequerboard treatment of his « fun house » or the queen which he designed for the Chicago Tribune competition), spiced with a caustic sense of humour, which for Moss, a sturdy individual with a bear-like exterior, doubtless constitutes the best means of defence. Moss's fondness for recycling and the second degree is to be situated somewhere between this facetious aloofness and a taste for beautiful finish. Witness, for instance, the vitrified red clay ducts — commonplace sewage-pipes — which he turns into a tottering colonnade, conspicuous and meticulously finished ; or the window bars, simple concrete ironwork, polished and detailed with minute care. Moss dissimulates the deliberate erudition of his art behind desultory (and sometimes rather complicated) façades. This is clearly evidenced in his skilful negotiation of the off-axis tower which aligns both avenue Ince and Lindblade street, or the brilliant treatment of the three raised volumes that emerge from the roof of the Paramount Laundry building, the monumental entrance and staircase organized around a light-well, or the clear lines of the footbridge running through the range of wooden roof-trusses.

Culver City, a non-place which conjures up Banham's Plains of Id, is caught between two freeways at the edge of two residential suburbs, Palms to the north-west and Baldwin Hills to the south-east, and shot through with two east-west boulevards. The town has but few claims to fame : the old cinema-studios founded by Thomas Ince in 1915 ; those of Metro-Goldwyn Mayer ; a flamboyant fifties movie-theater, the Culver, today in ruins ; and, of more contemporary interest perhaps, a Harley Davidson showroom from which purring, chrome-plated machines shoot out into the street.

To this abandoned environment, with its decaying small industries, Moss and his developer have brought a ray of hope. Not only the careful and attentive reconversion of the two buildings, but also the treatment of the block as a whole are exemplary : the low wall planted with shrubs, neatly delimited asphalt and austere parking lot, and the discreet way in which Moss closes off the north-eastern corner with the same split-one face breeze-blocks used for the façade of the Lindblade building, are as many eloquent hints of potential rebirth. With his discreetly ironic tribute to vernacular urban planning, Eric Moss has restored this small piece of city to its former dignity in a gentle gesture of urbanity.

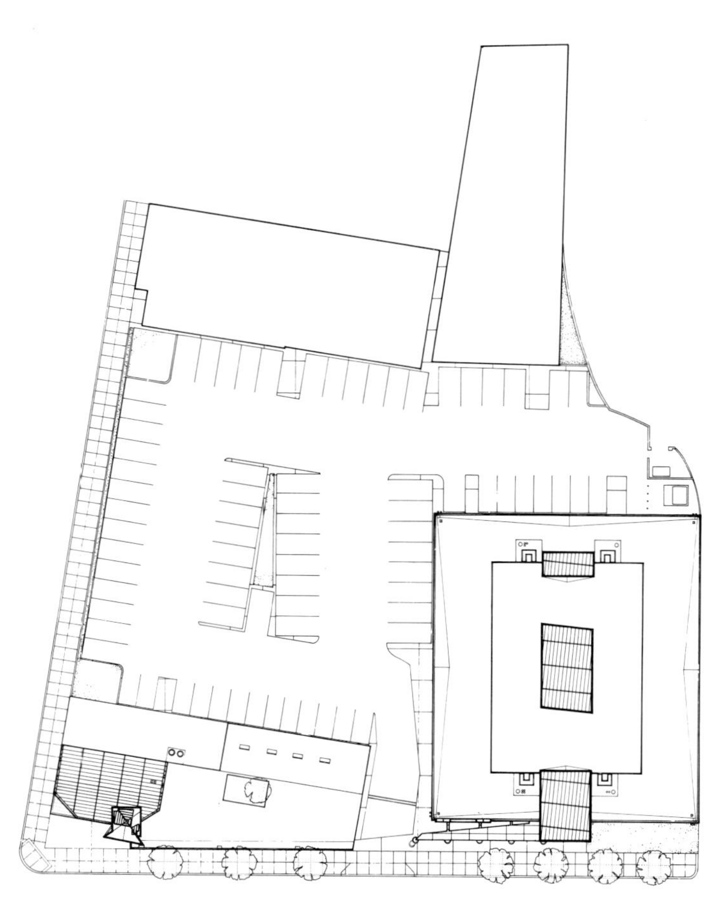
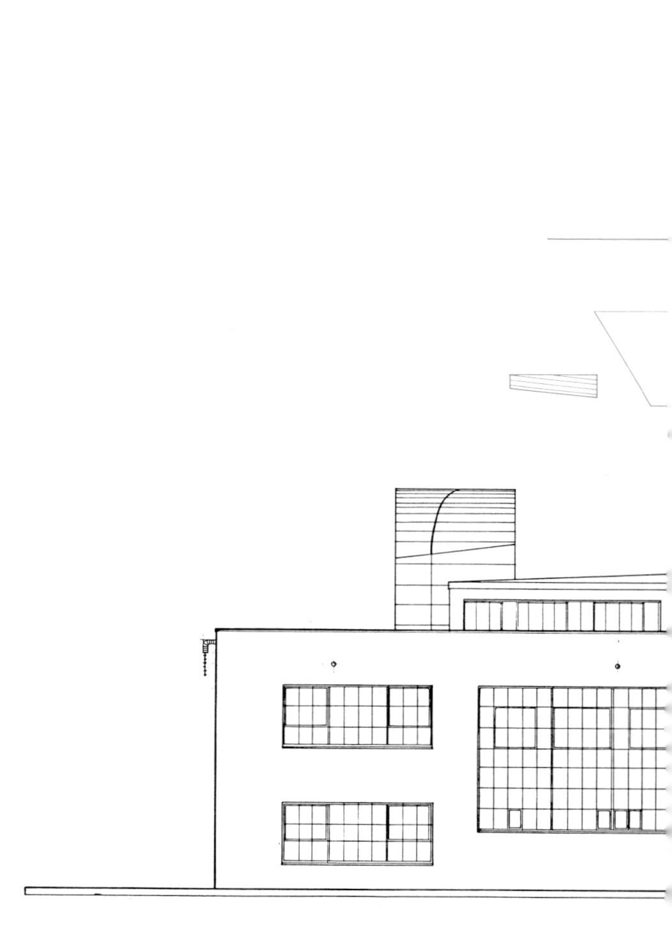

OUEST
NORD   SUD
EST

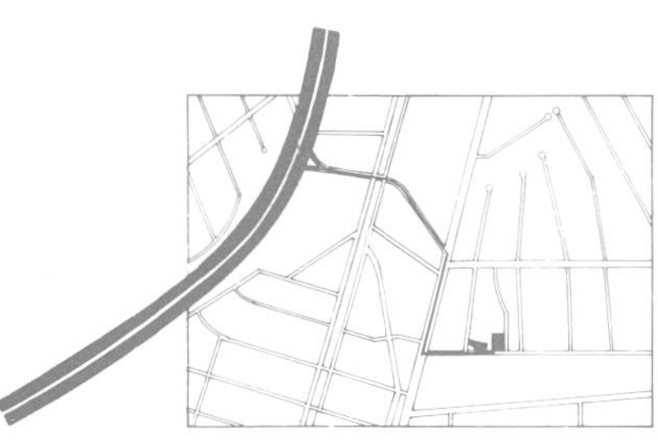

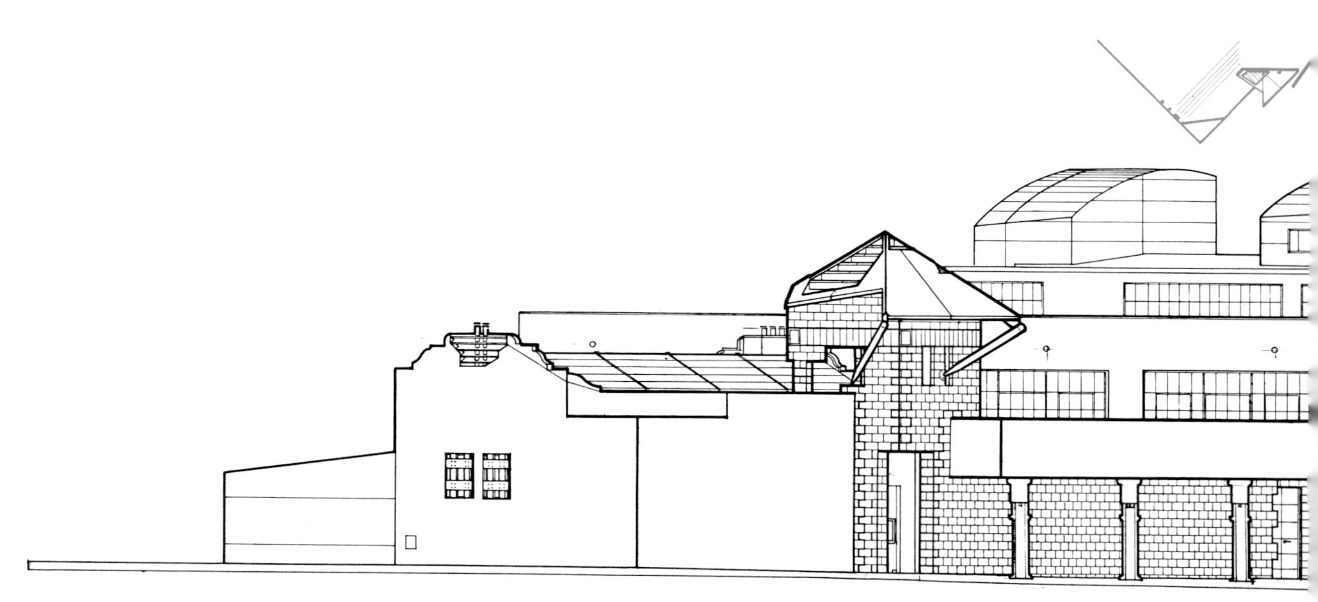

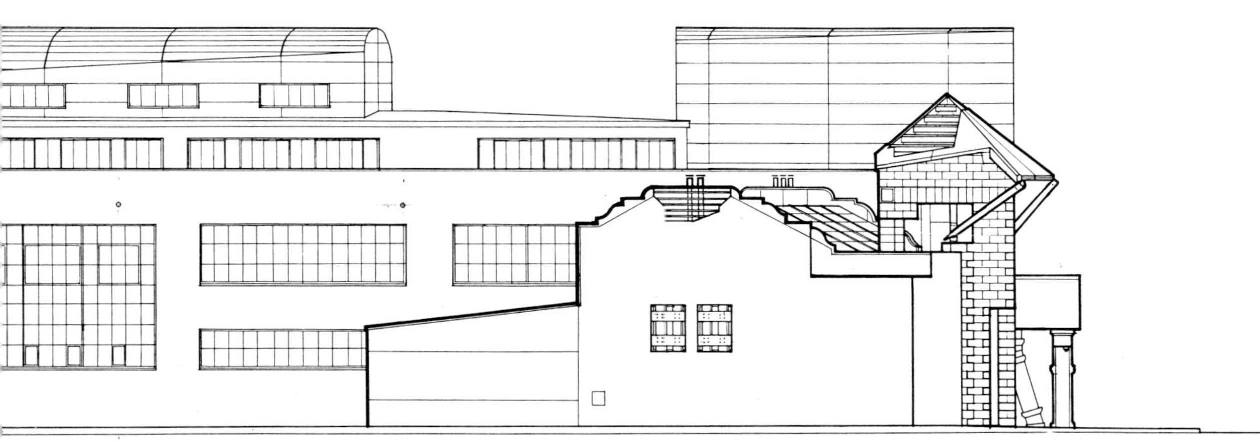

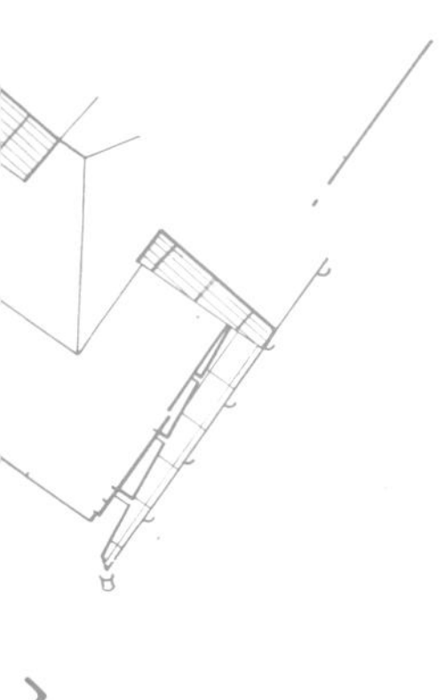

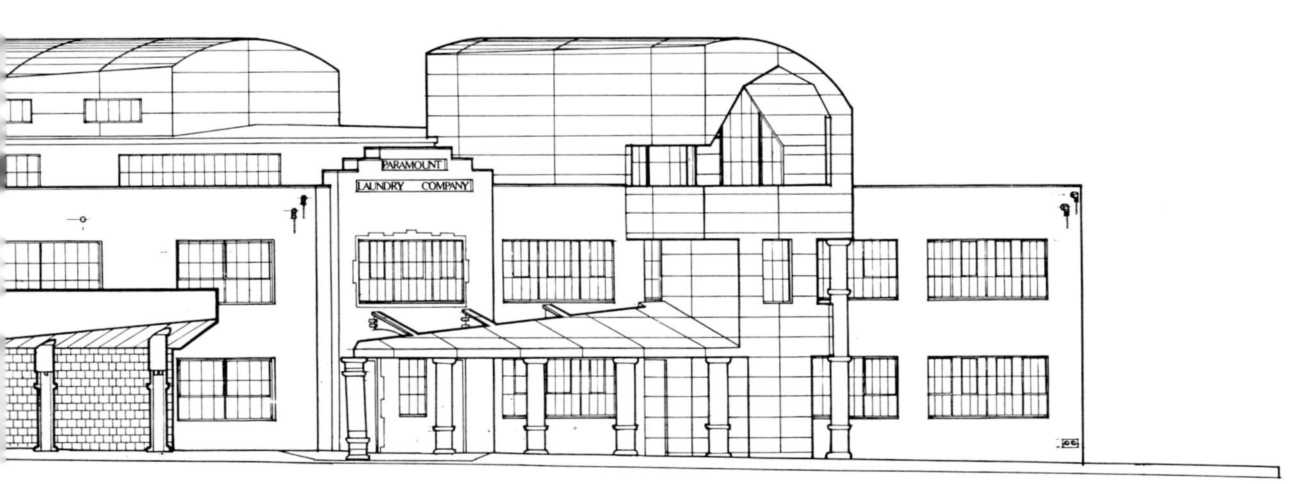

BÂTIMENT LINDBLADE TOWER : FAÇADE EST
BÂTIMENT PARAMOUNT LAUNDRY : FAÇADE OUEST

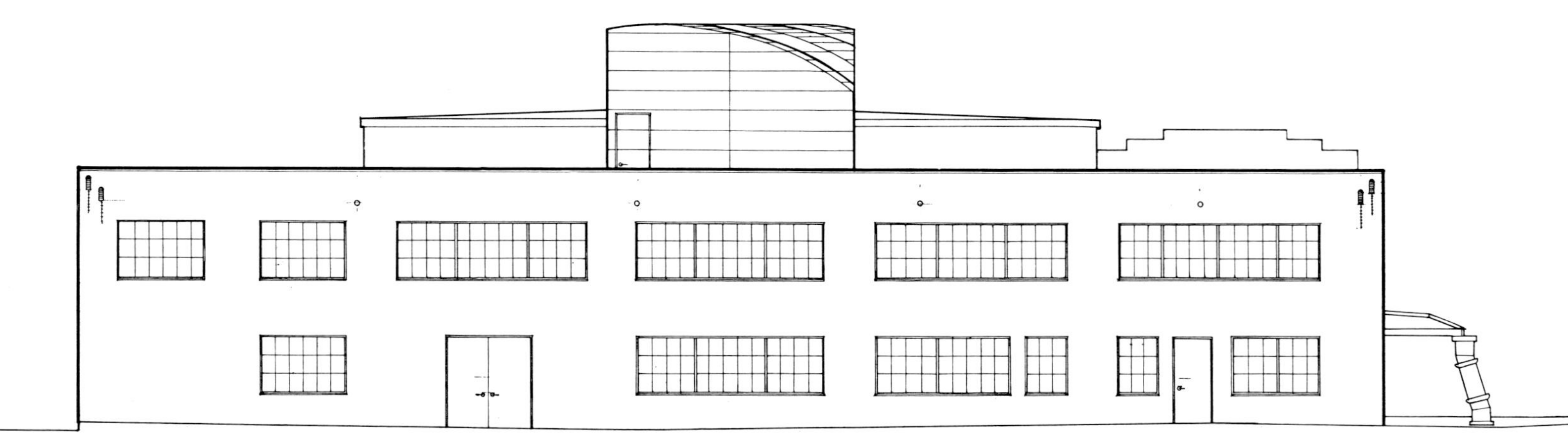

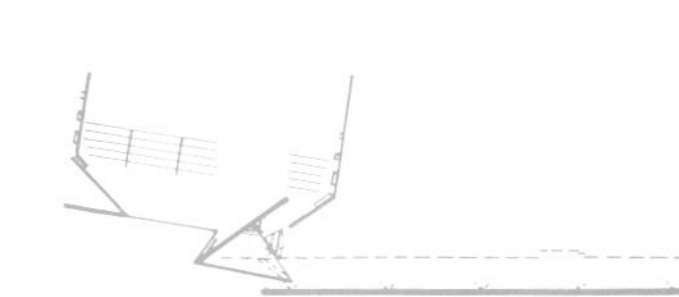

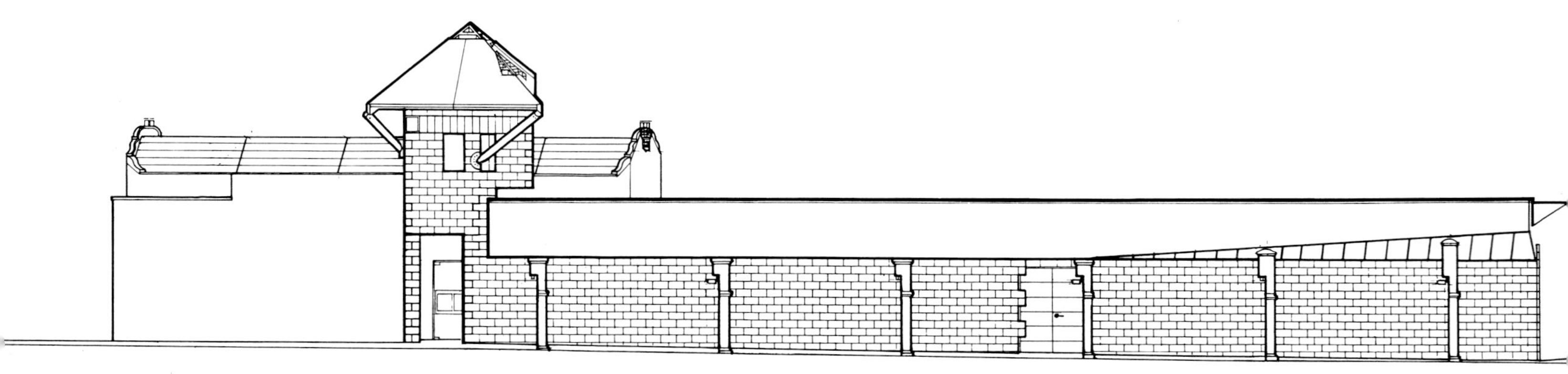

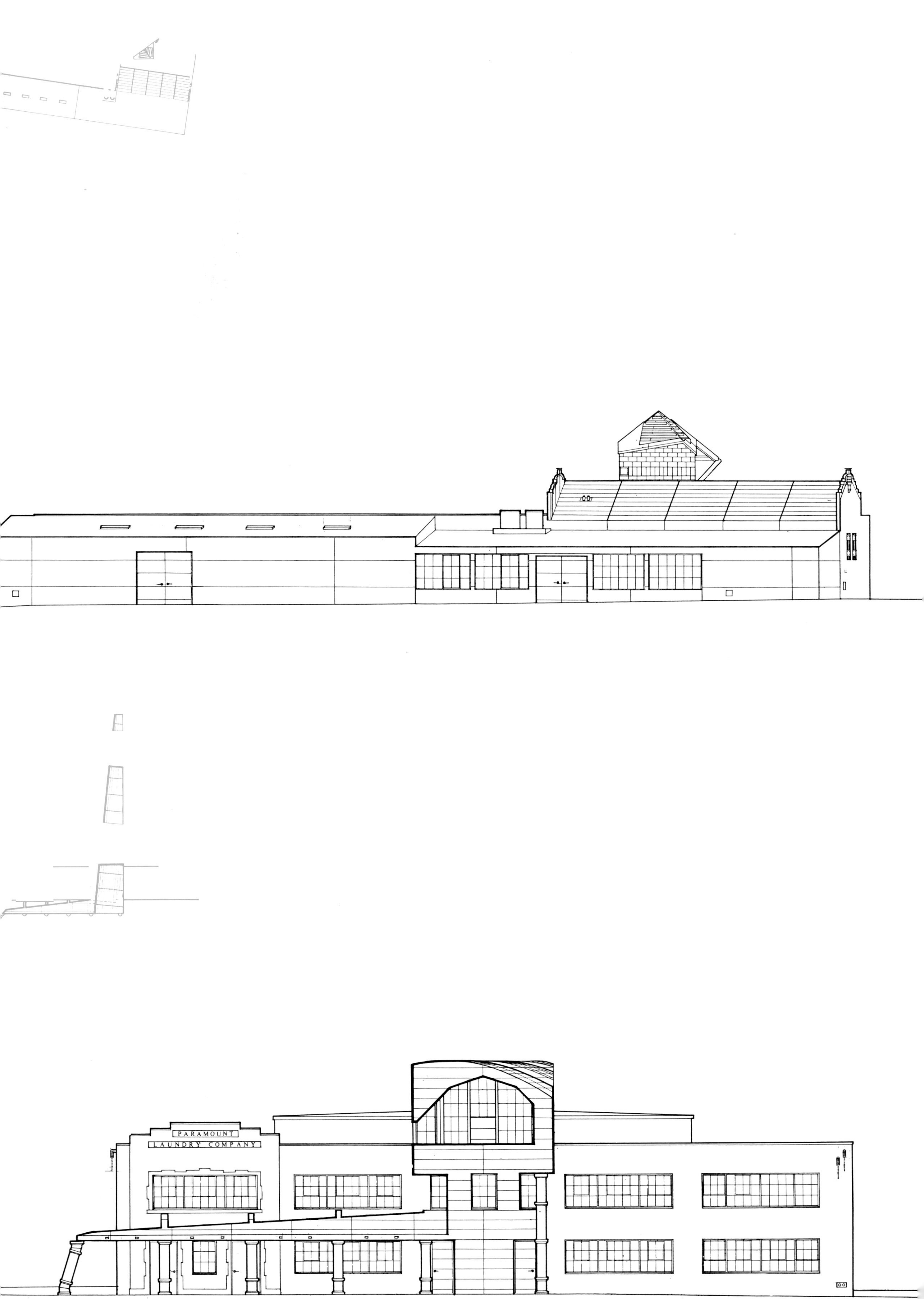

 FAÇADE NORD DE L'ENSEMBLE DES DEUX BÂTIMENTS

VUE DU BOULEVARD INCE : L'ENSEMBLE DES DEUX BÂTIMENTS
LE BÂTIMENT LINDBLADE TOWER

LE BÂTIMENT PARAMOUNT LAUNDRY

Situé dans le quartier des studios de cinéma de Culver City, le bâtiment existant était un entrepôt de 2.000 m² environ avec des murs porteurs de béton coulé et un toit à fermes de bois.

Il comprenait un niveau bas d'un seul tenant et une galerie périphérique. En position centrale, un volume ouvert était traversé par la charpente du toit.

Les règles en vigueur en matière de parkings autorisaient une extension maximum de 600 m² : elle s'est effectuée par l'agrandissement de la galerie du premier étage et la création d'un second étage.

On approche ce bâtiment par le nord en venant de l'autoroute de Santa Monica d'où il est clairement visible.

La façade sur le boulevard a été dotée d'un auvent et l'entrée principale est marquée par l'insertion dans la façade d'une construction contenant le hall et un escalier d'accès aux niveaux supérieurs. Elle est couverte d'un toit en voûte, légèrement désaxé et orienté en direction de l'autoroute (et du flot de la circulation). Surélevée par rapport au toit existant, la voûte ressurgit pour coiffer un pont-passerelle reliant les nouvelles mezzanines construites au second niveau et au-dessus d'un escalier de sortie à l'arrière du bâtiment.

Ce sont ainsi trois boîtes au profil arrondi qui viennent s'insérer dans les découpes du toit existant.

L'extension du premier niveau s'effectue dans la partie centrale et s'appuie partiellement sur la structure qui soutient le pont-passerelle, reliant les deux mezzanines bâties au second étage.

Pour gagner la hauteur de passage de la passerelle, on a découpé dans les fermes et repris les charges grâce à une structure secondaire en tube d'acier.

Au milieu de la passerelle, deux bancs de bois se font face et encouragent les rencontres et réunions informelles.

Le pont-passerelle est éclairé par des ouvertures dans les murs supports de la voûte.

An existing 20,000 square foot warehouse, built in 1940, with poured concrete walls and wood truss supported roof is located in a Culver City neighborhood of studio production facilities. The original building has two essential organizational components : first, a two floor perimeter ; second, an open, double height volume, centrally positioned in plan with clevestory windows, spanned by wood trusses. Parking requirements permit a maximum addition of 6000 square feet to the building. Expansion will take place by extending the existing second floor south, and by adding a new two-part third floor.

The building is approached from the north, via the Santa Monica Freeway from which it can be clearly seen. A new canopy and central lobby are positioned on the street elevation. The lobby is capped with a simple vault, adjusted in plan toward the diretion of freeway view and traffic flow. This plan adjustment generates a modified vault in section which is extended above the old roof, identifying the new components of the building below.

The new second floor projects into the central space and is supported by columns which also support the bridge. The new third floor consists of separate areas placed at opposite ends of the central volume. This two-part third floor occurs just below the bottom chord of the existing wood trusses. The two third floors are then linked by a bridge. To allow for vertical clearance in the bridge areas a four-foot portion of the bottom chord of the existing trusses is removed, and restructured with a steel tube below and two new vertical chords.

At the center of the bridge are two benches, one on either side, which encourage informal meetings or gatherings. The bridge is aligned with the new vaulted roof, which brings natural light through new clevestory windows to the bridge from the north.

The building is occupied by a major Los Angeles graphics design firm.

The building is a combination of wood, steel, and reinforced concrete construction. The vault is covered with painted sheets of steel. The new columns supporting the entry canopy and the bridge are vitrified clay pipes filled with reinforced concrete.

LA SURÉLÉVATION ET L'INSERTION D'UN ESCALIER INTÉRIEUR, MARQUAGE
DU BÂTIMENT DANS LE PAYSAGE URBAIN

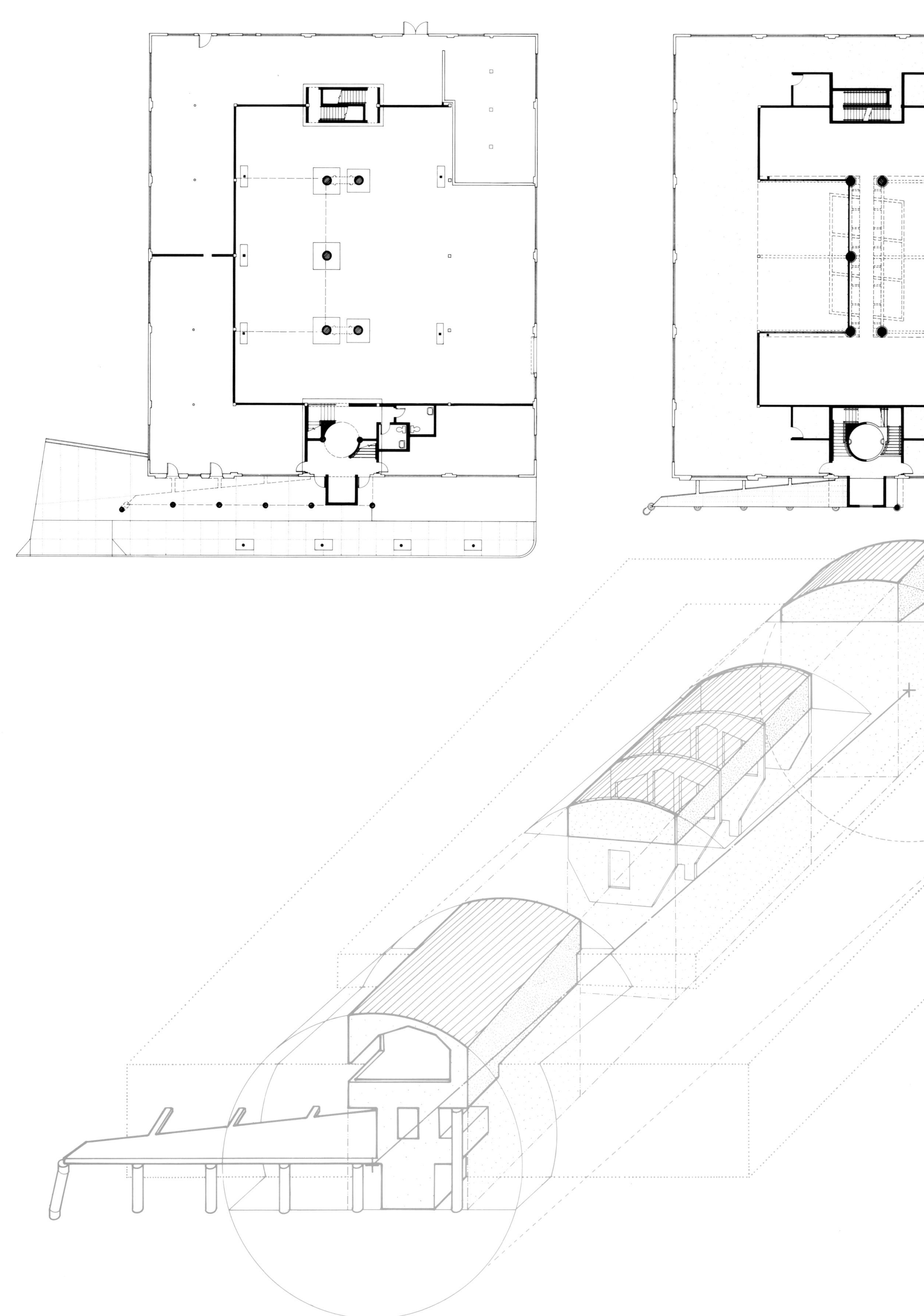

PLANS DU REZ-DE-CHAUSSÉE ET DU NIVEAU 1
AXONOMÉTRIE ILLUSTRANT LA SURÉLÉVATION FAITE DE TROIS BOÎTES ÉMERGEANT DU TOIT

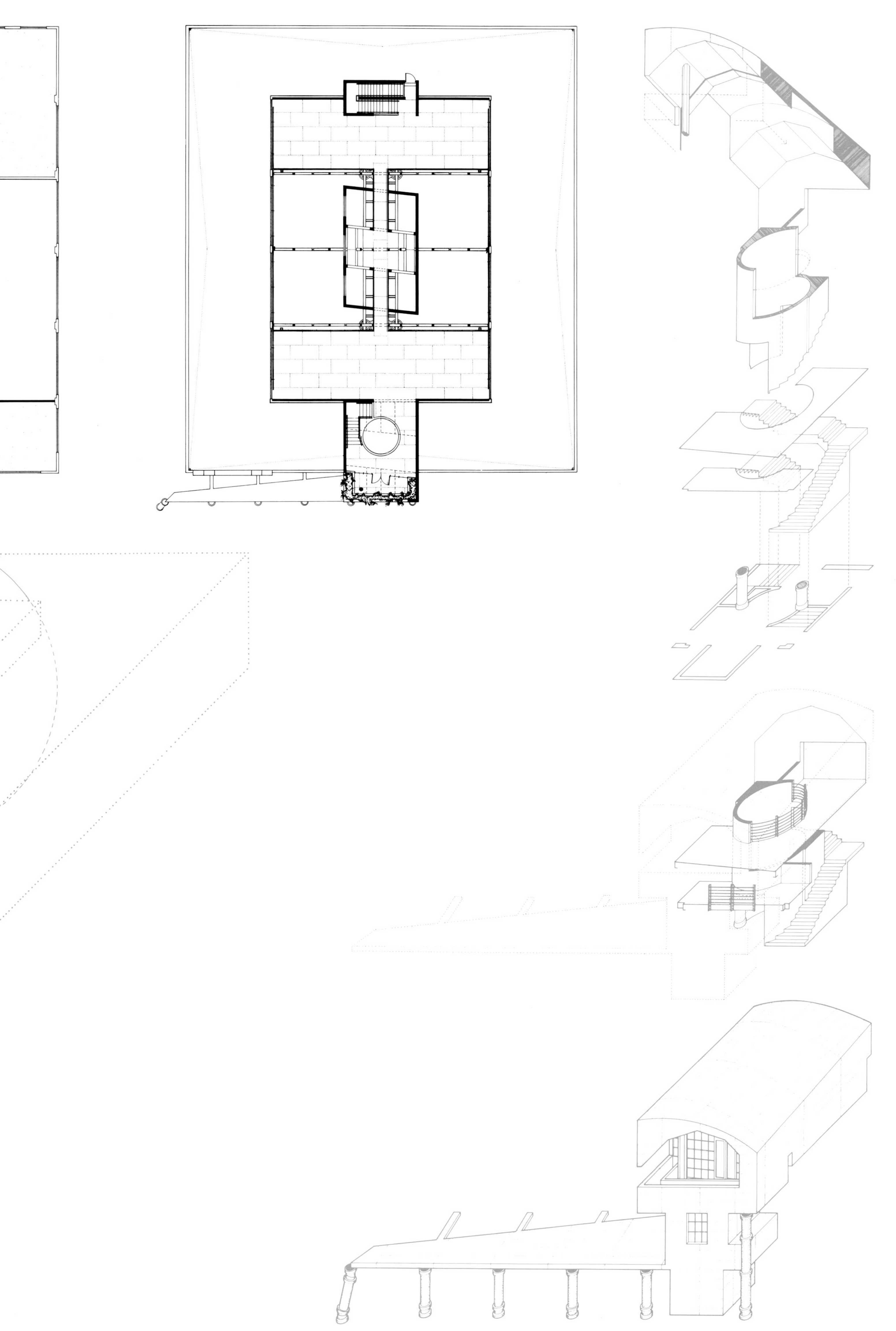

LE TOIT, CONSTITUÉ DE TÔLE GALVANISÉE ET D'UNE POUTRAISON DE TÔLE D'ACIER, REPOSE SUR DES PILIERS DE GRÈS ROUGE

PILIERS DE GRÈS ROUGE, FAÇADE ENDUITE ET PORTES DE TÔLE GALVANISÉE

L'ANGLE SUD-EST DU BÂTIMENT SE REFERME PAR UN ÉDICULE TRAITÉ EN PARPAING DOUBLE-FACE
ANALOGUE À LA FAÇADE DU BÂTIMENT LINDBLADE TOWER SUR LE BOULEVARD INCE

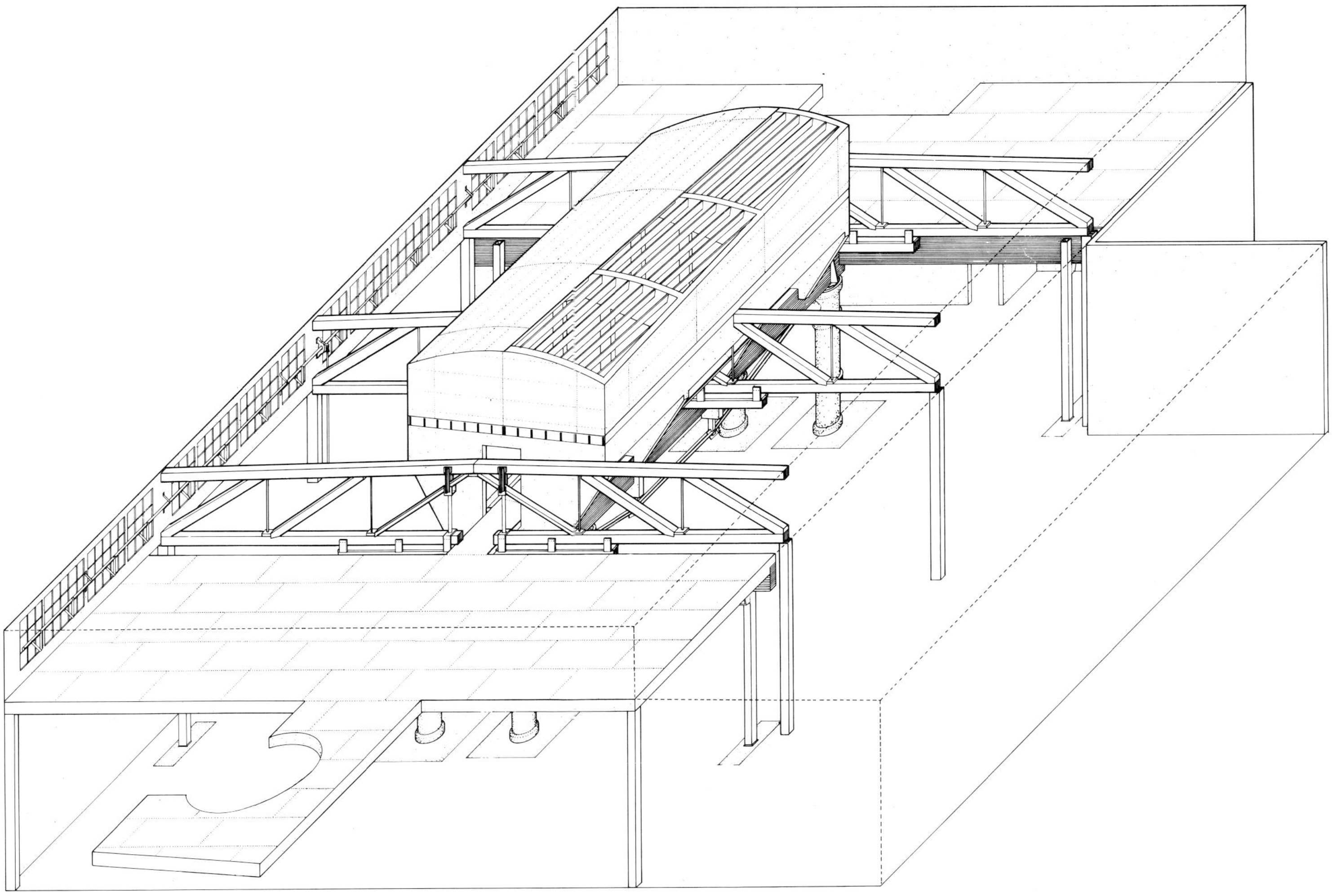

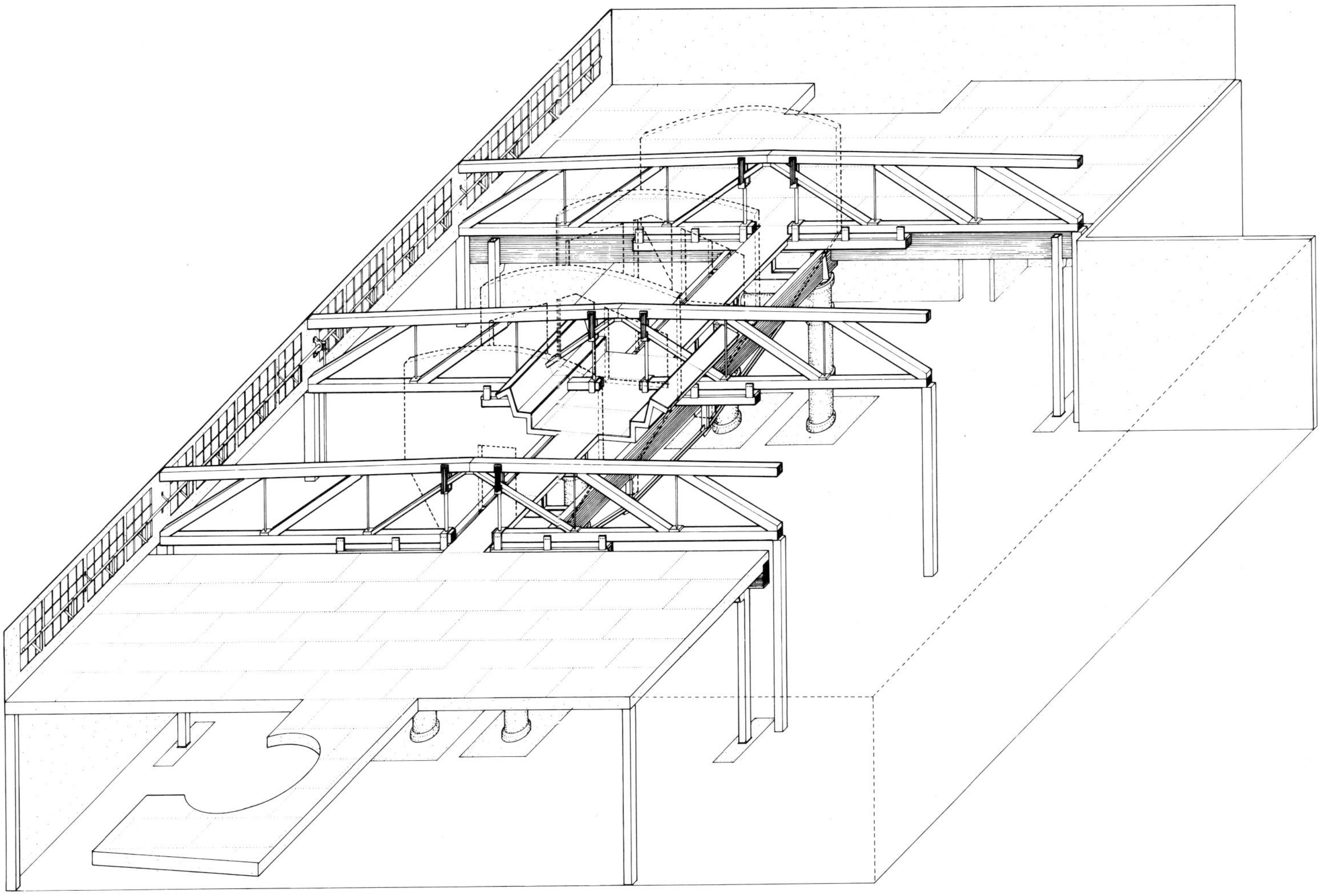

AXONOMÉTRIE ILLUSTRANT LES BOÎTES ÉMERGEANT EN SURÉLÉVATION DU TOIT
AXONOMÉTRIE ILLUSTRANT LES MEZZANINES AJOUTÉES FORMANT LE NIVEAU 2

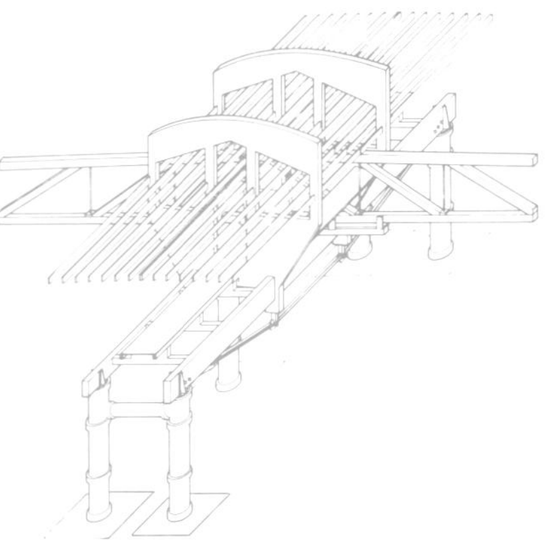

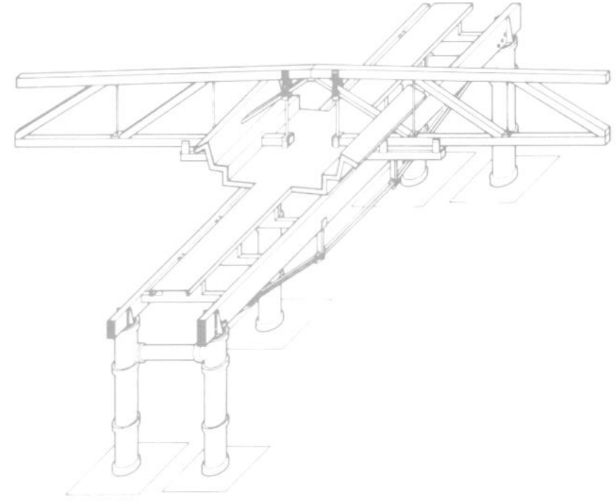

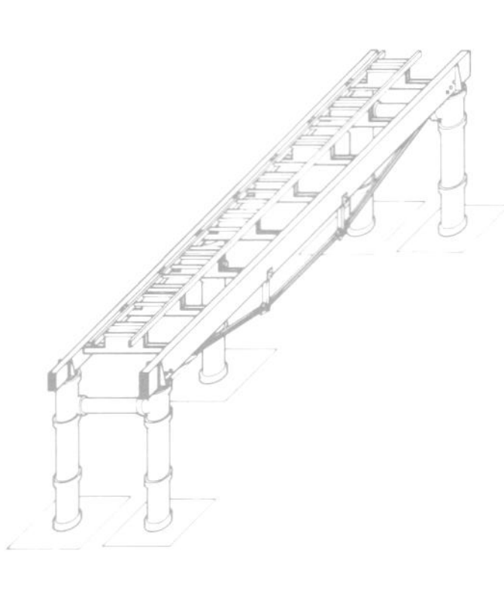

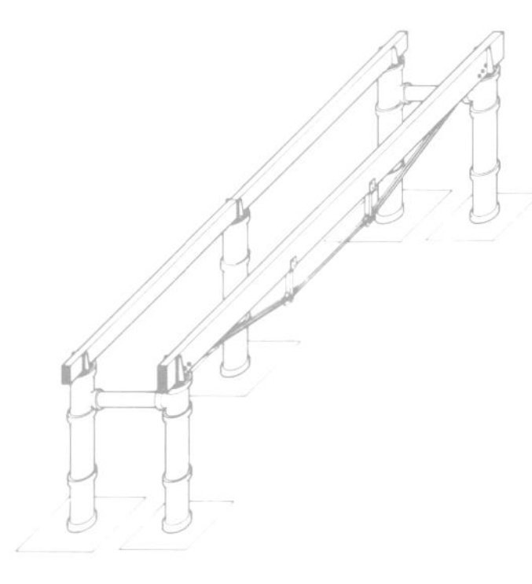

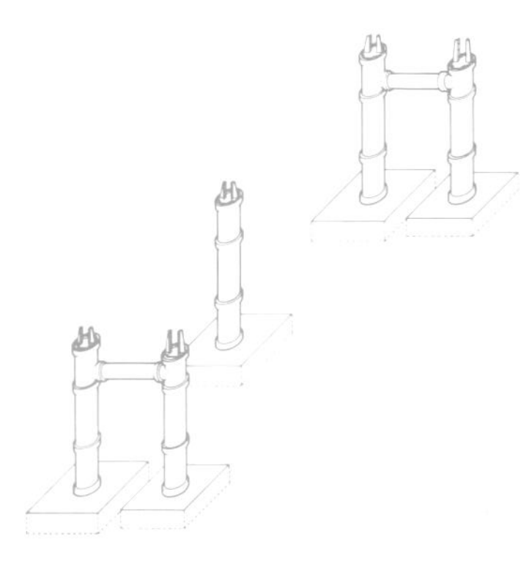

VUES GÉNÉRALES DE L'ESPACE INTÉRIEUR ET DE LA STRUCTURE INSÉRÉE POUR SOUTENIR LES MEZZANINES ET LA PASSERELLE QUI LES RELIE — AXONOMÉTRIES ILLUSTRANT LA STRUCTURE POTEAUX/POUTRES INSÉRÉE POUR PORTER LA PASSERELLE ET LA SURÉLÉVATION MÉDIANE

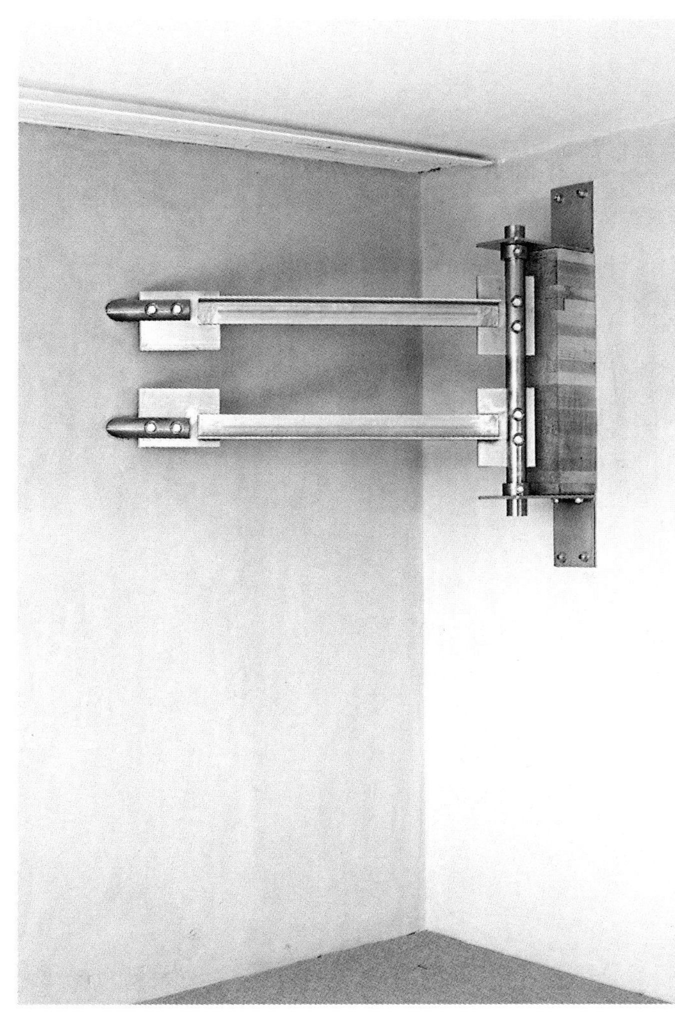

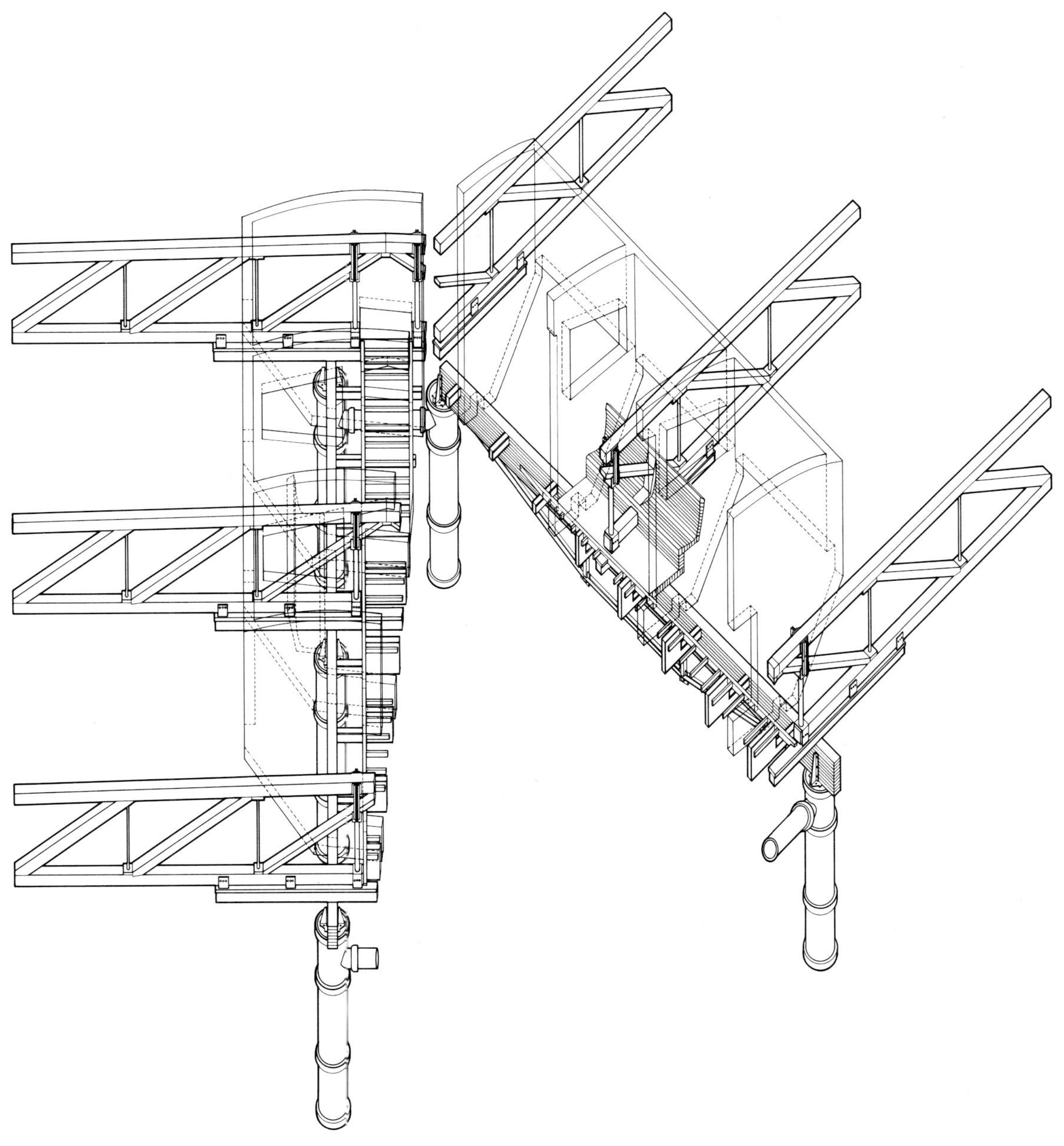

LA STRUCTURE MÉTALLIQUE DE LA PASSERELLE ET SES ATTACHES SUR LA POUTRAISON DE BOIS.
LE BANC PLACÉ AU MILIEU DU PONT SERT À DES RÉUNIONS INFORMELLES   AXONOMÉTRIE OUVERTE DE LA STRUCTURE DE LA PASSERELLE

VUE INTÉRIEURE DE LA BOÎTE D'ENTRÉE EN TÔLE GALVANISÉE

BÂTIMENT PARAMOUNT LAUNDRY : LA GALERIE COUVERTE ET SA COLONNADE DE POTEAUX DE GRÈS ROUGE S'INTERROMPT SUR UN POTEAU PENCHÉ COMME UN ARC-BOUTANT

PARAMOUNT LAUNDRY :
STRUCTURE DE SOUTIEN ET DÉTAIL D'ASSEMBLAGE
ENTRÉE DU PONT PASSERELLE ET ARTICULATION DE SA STRUCTURE AVEC LA POUTRAISON DE BOIS.
DÉTAIL D'ASSEMBLAGE DE LA STRUCTURE. ATTACHE DE LA CLOISON DE VERRE AU POTEAU DE GRÈS

LINDBLADE TOWER : DÉTAIL DE MISE EN ŒUVRE DU PARPAING A DEUX FACES
PIGNON SUD : PASSAGE DE L'ENDUIT AU BOIS AGGLOMÉRÉ ;

DÉTAIL D'UN POTEAU DE GRÈS ROUGE ET LUMINAIRE STANDARD
L'ENTRÉE SUR COUR. LES BARREAUX SONT DE SIMPLES FERRAILLAGES A BÉTON PATINÉS

BÂTIMENT LINDBLADE TOWER : LA GALERIE COUVERTE EST CONSTITUÉE DE DEMI-POTEAUX
DE GRÈS REMPLIS DE BÉTON

24

LA TOUR MARQUE L'ANGLE DE L'ÎLOT DANS LA TRADITION ANGELINE DE L'URBANISME COMMERCIAL FONDÉ PAR L'AUTOMOBILE

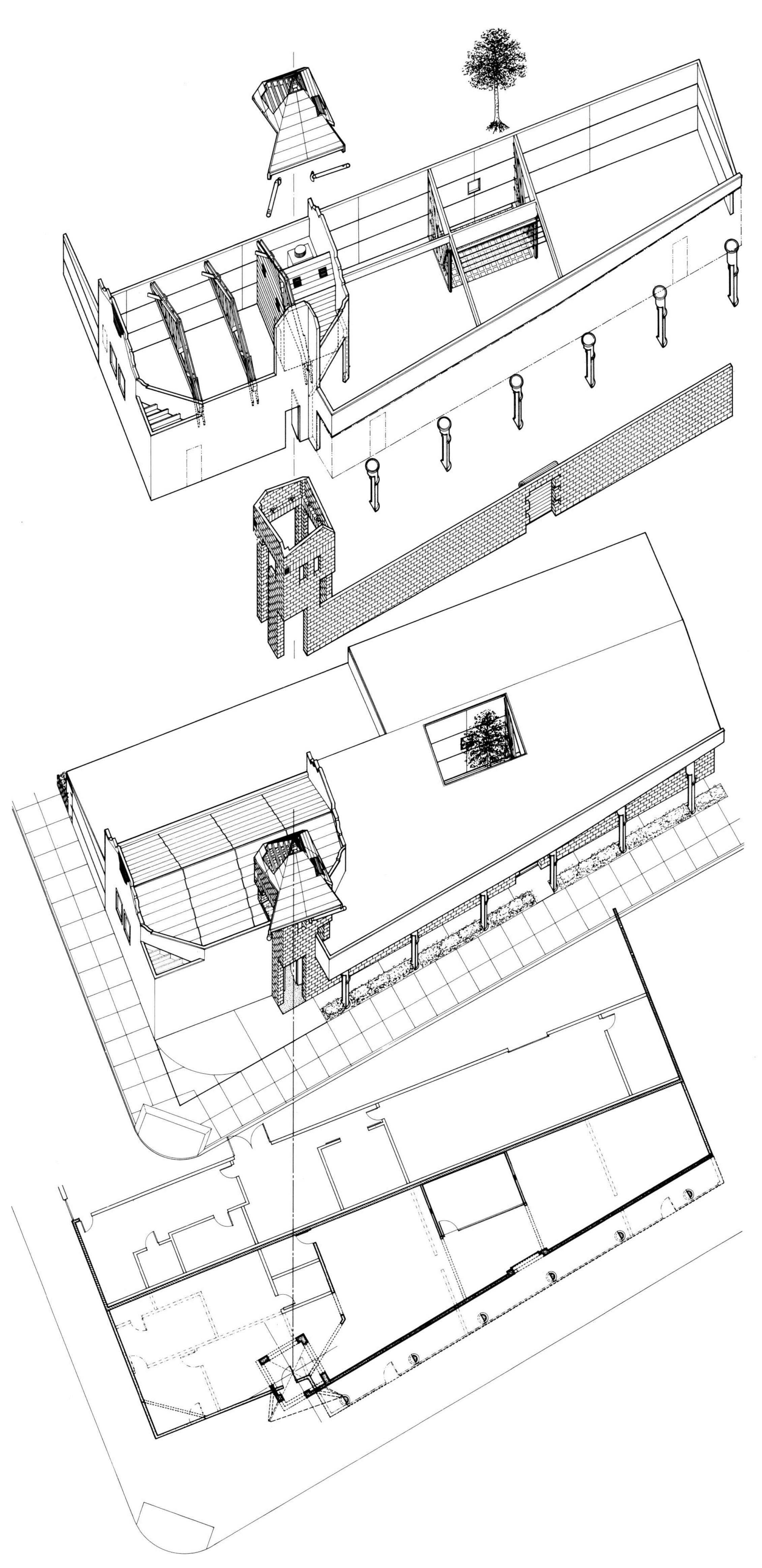

LINDBLADE TOWER

Originellement bâti dans les années 40 à Culver City, ce petit entrepôt était dans un état de délabrement avancé. Il a été reconverti pour fournir un espace de travail flexible à une agence de graphisme. Il comprend un espace étiré le long du boulevard, et avec leur entrée sur le parking, une série de bureaux dont la façade a également été repeinte.

Le parti général a consisté à minimiser les ouvertures (dans une région à fort ensoleillement) et à fournir air et lumière naturelle par le truchement de deux skydoms et d'une cour patio dont le rideau de verre s'ouvre en s'enroulant sur lui-même.

L'agence veut pouvoir modifier l'espace au gré de ses projets : le cloisonnement est donc mobile, et les prises de courant, de téléphone et d'ordinateur sont disposées à brefs intervalles dans le sol et les murs.

La tour marque l'entrée du bâtiment qui dispose d'une entrée secondaire sous la colonnade des poteaux de grès. Elle signale le bâtiment à partir du boulevard voisin et de l'autoroute de Santa Monica au nord.

La toiture de la tour est mi-close, mi-ouverte sur une verrière à l'aplomb de l'entrée. La tour et la majeure partie de la façade sur rue ont été bâties en parpaing double face. Le reste des murs est fait de bois enduit à l'intérieur comme à l'extérieur. La charpente originelle dans la partie nord du bâtiment a été réparée. Le toit est en tôle galvanisée.

Le sommet de la tour est ouvert sur une verrière enchâssée au niveau du toit du bâtiment. La structure du toit de la tour, deux poutrelles recouvertes d'acier galvanisé pointent à l'extérieur. La toiture de la tour est en tôle peinte.

Une série de demi-colonnes de grès remplies de béton soutient un auvent qui longe le bâtiment. Les murs extérieurs de la partie du bâtiment tournée vers le parking sont faits de panneaux de particules et d'époxy recouverts d'un film gris clair.

Le bâtiment a été largement conservé quant à son échelle et à son style. Le pignon à la découpe hispanisante est caractéristique. Les modifications apportées tendent à renforcer son identité visuelle et à offrir au nouvel utilisateur un espace flexible et confortable.

LINDBLADE TOWER OFFICE BUILDING

A dilapidated warehouse originally built in the early 1940's in Culver City, is remodeled.

The new facility provides a flexible word space for a local graphics company. The exterior wall of an adjoining office (not a part of the company) is also remodeled.

Windows are minimized. Two skylights and a courtyard with roll-up glass door provide natural light and air.

The company intends to continuously modify the use of the interior as new projects require. Power, telephone, and computer terminals are located at close intervals in walls and floors.

The tower provides a formal entry. A secondary double-door service entrance is provided in the west wall behind the clay column colonnade.

The tower also signals the buildings' presence to a primary commercial street and Santa Monica freeway to the north. A portion of the tower roof is covered ; a portion of the roof is open to a skylight below, positioned over the entry door.

A split-one face red concrete block was used to construct the tower and a portion of the street wall. The remaining walls are wood studs covered with a steel troweled cement plaster finish inside and outside. Original wood trusses supporting the north end roof were repaired and re-used. The roof of this area is a modified standing seam, galvanized steel sheet. A portion of the tower roof is open to a glass skylight occurring inside the tower at the section line of the steel paneled roof. Where the tower roof opens to the skylight below, wood roof beams are covered with galvanized steel. Where the tower roof is closed, the roof is a factory painted white steel. A line of vitrified clay covered reinforced concrete columns fronts the main street. The exterior wall of the adjacent office space is 24' x 4' sheets of a bonded epoxy and wood particles (strand board), covered with a clear gray sealer.

Conservation of existing building scale and type, modified to provide both a new external identity and a flexible, diverse interior for a new user.

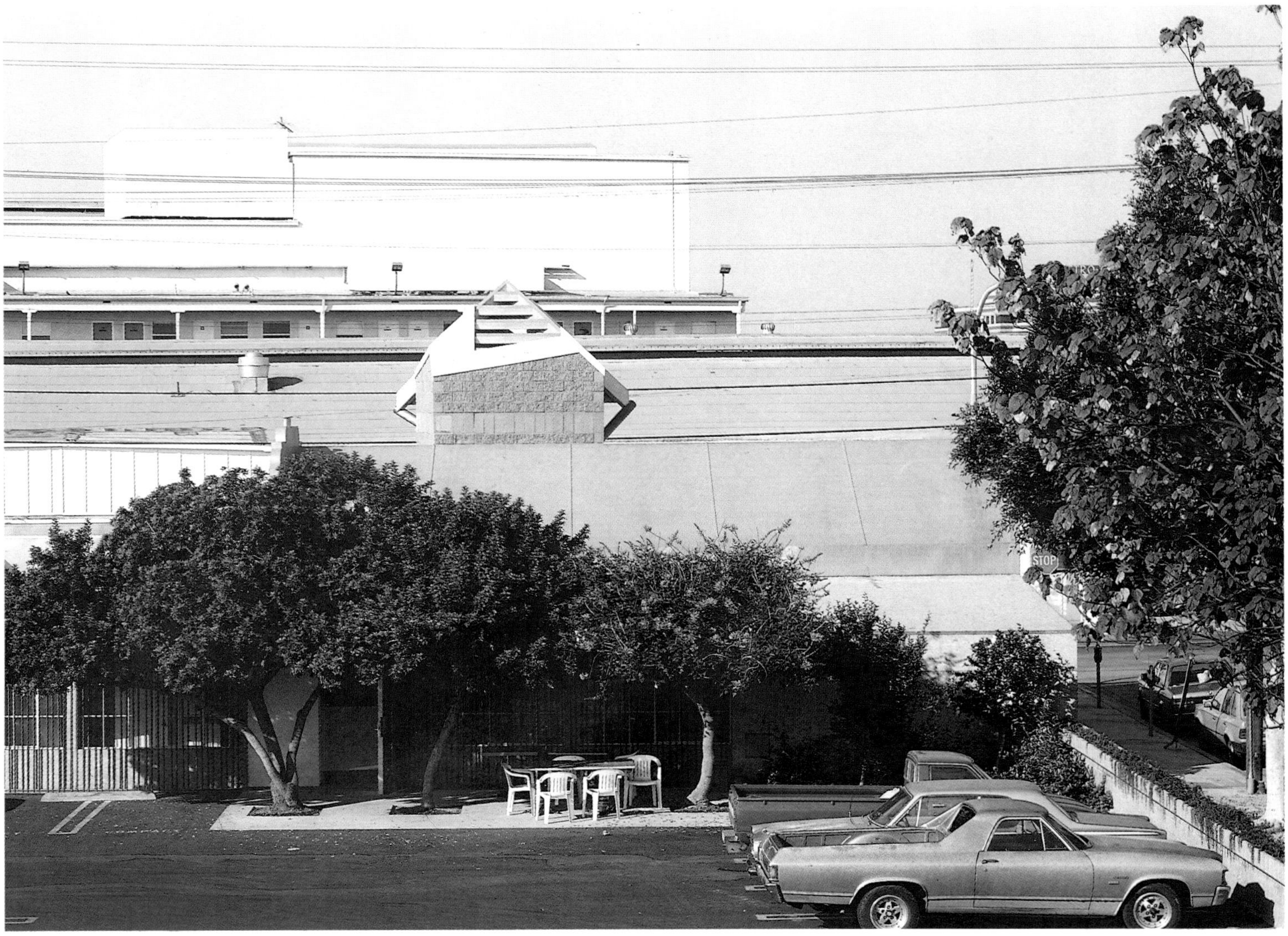

VUE EST SUR LA COUR ET LE PARKING

SUR COUR ET PARKING, LA FAÇADE DE BOIS AGGLOMÉRÉ ET LES BARREAUX DÉTOURNÉS

DÉTAIL DE BORD DE TOIT.

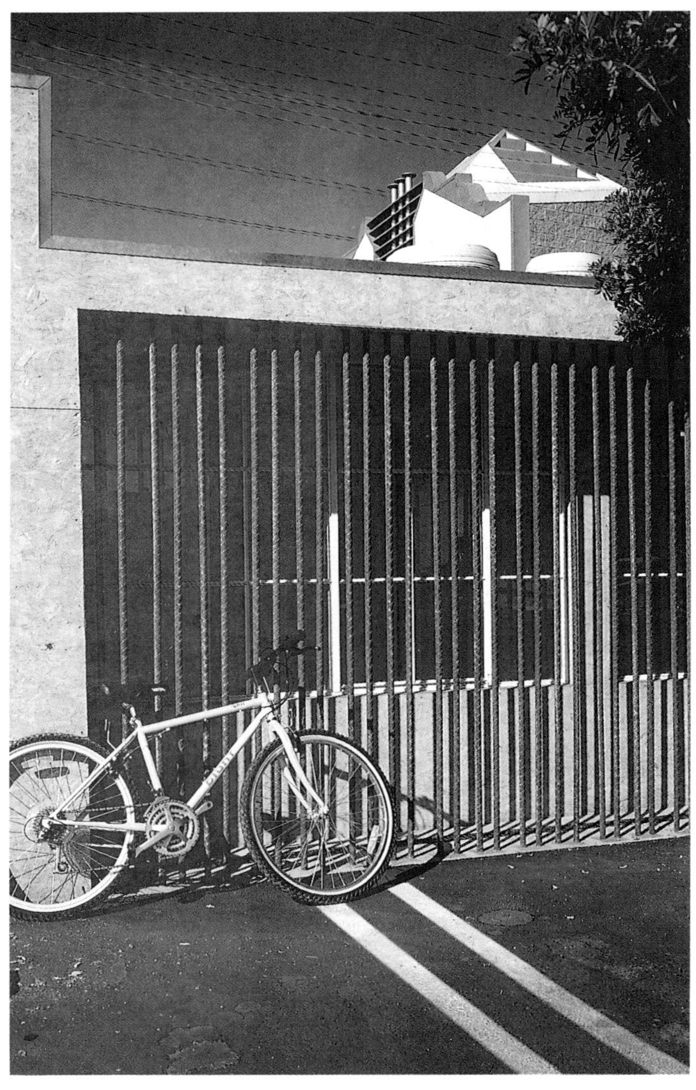

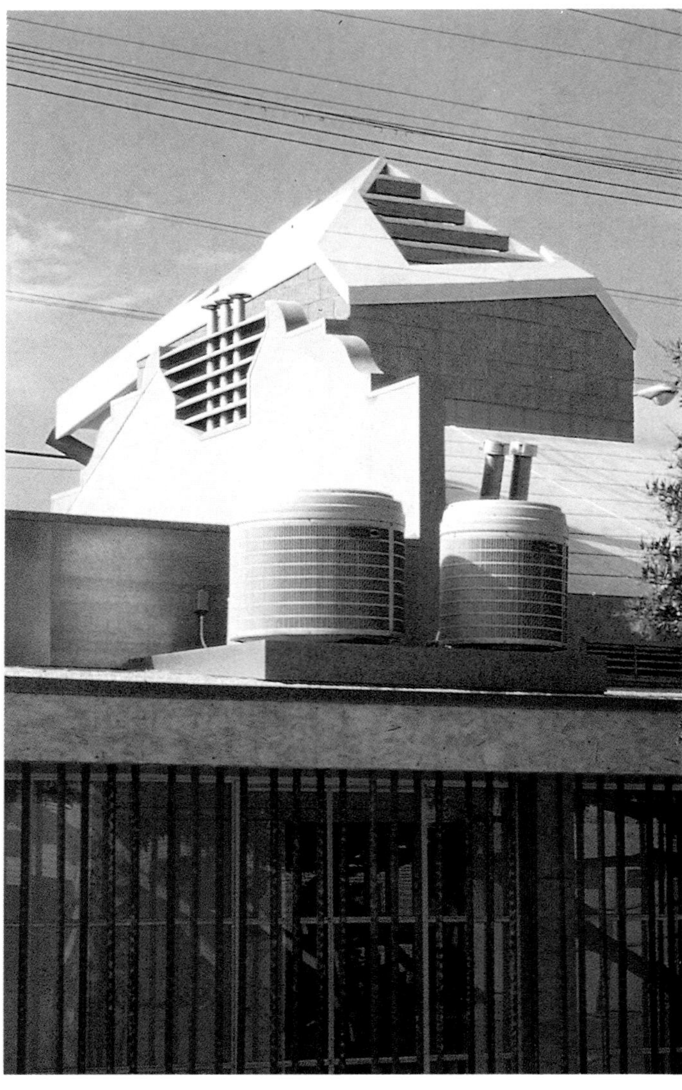

LE PIGNON ALIGNÉ SUR LA RUE LINDBLADE, LA TOUR ET
LA COLONNADE DE LA GALERIE COUVERTE SUR LE BOULEVARD INCE

AXONOMÉTRIES, FAÇADES RABATTUES ET PLAN DU TOIT DE LA TOUR LINDBLADE

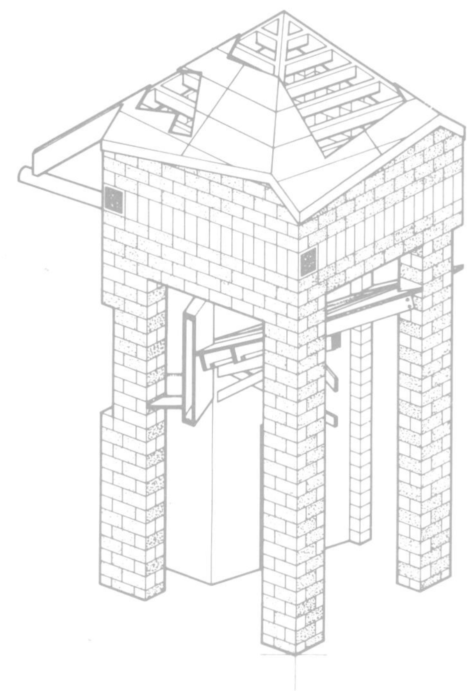

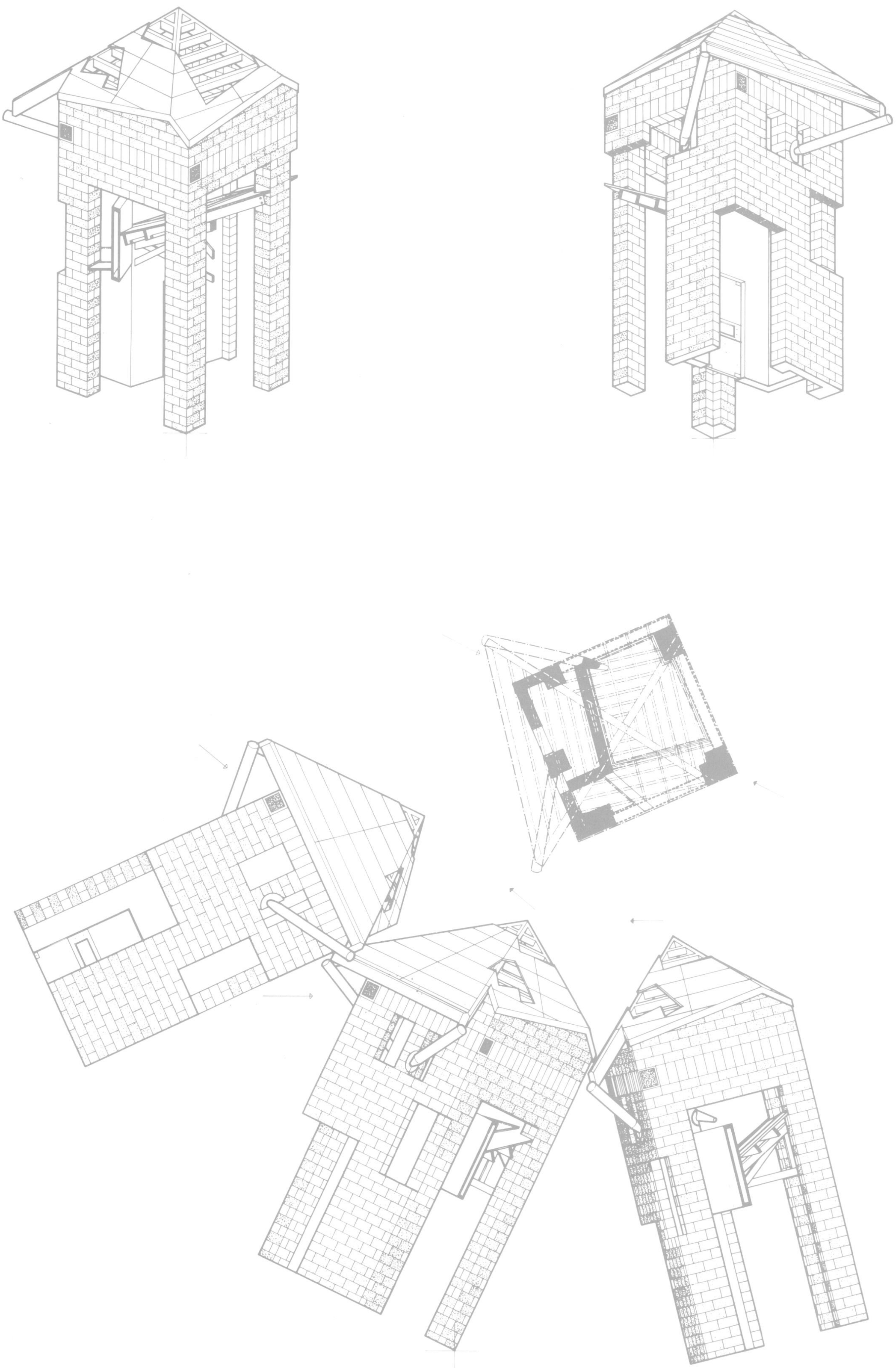

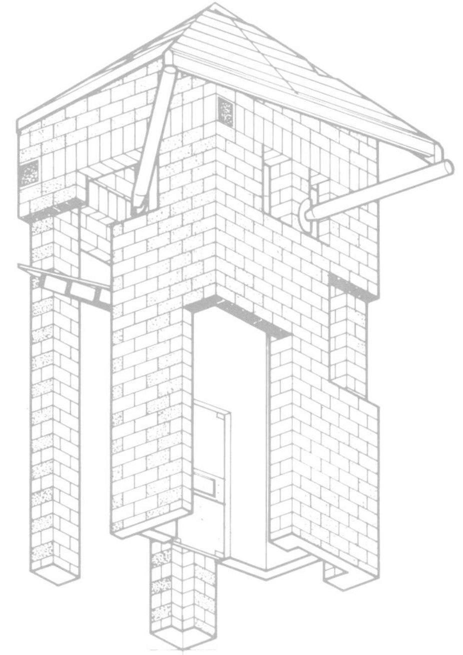

VUES DE LA TOUR ILLUSTRANT LES ALIGNEMENTS DÉCALÉS SUR LA RUE LINDBLADE ET LE BOULEVARD INCE ET LE PIGNON TRANSPARENT

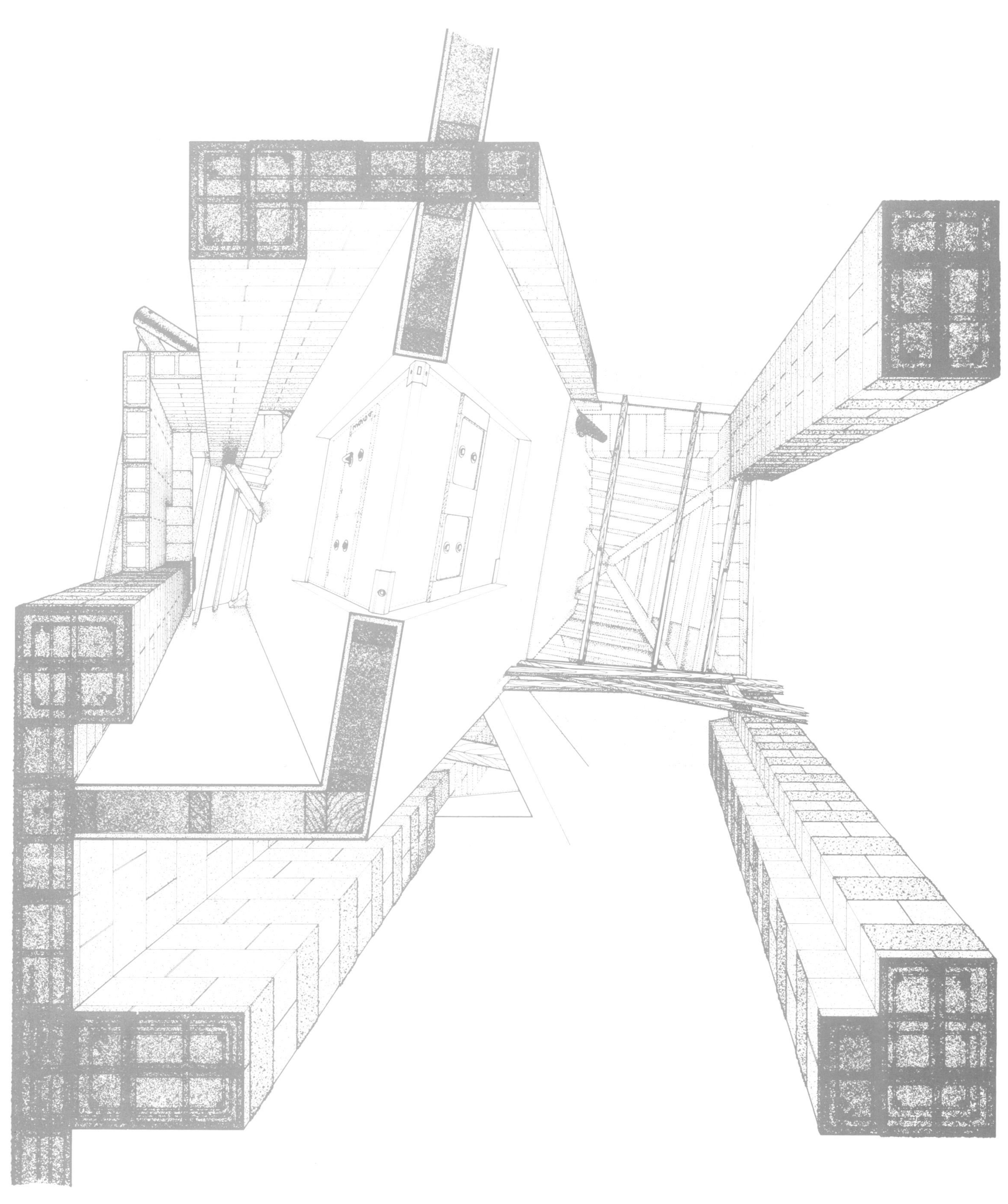

VUES EN CONTRE-PLONGÉE DE L'INTÉRIEUR DE LA TOUR ILLUSTRANT LE DÉSAXEMENT DU TOIT

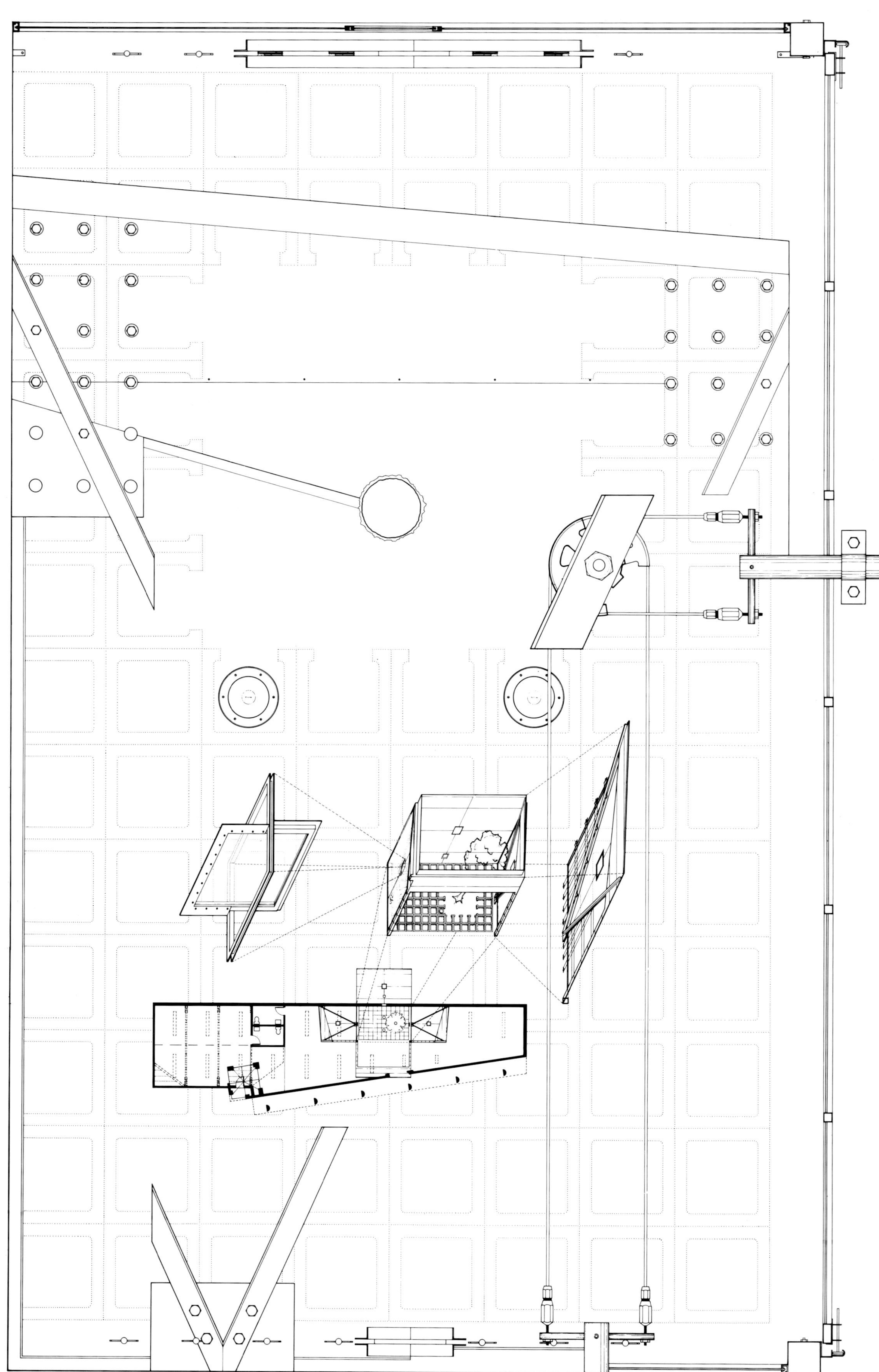

L'INTÉRIEUR DU BÂTIMENT LINDBLADE : UN ESPACE LIBREMENT AMÉNAGEABLE ET

DEUX VUES DU PATIO ILLUSTRANT LE DESSIN DU SOL EN BRIQUES DE CIMENT ET LA VERRIÈRE GRAVÉE
UNE BOÎTE DE TÔLE GALVANISÉE POUR LES SERVICES

Lieu : 3960/3964 Ince Boulevard
Culver City, Californie
Maître d'ouvrage :
Frederick Norton Smith
Maître d'œuvre :
Bâtiment Paramount Laundry
Architecte : Eric Owen Moss
Associé : Jay Vanos
avec Dennis Ige, Scott Nakao,
Greg Baker, Todd Conversano,
Jerry Sullivan, Craig Schultz,
Alan Binn, Dana Swinsky,
Maureen McGuire

Bâtiment Lindblade Tower
Architecte : Eric Owen Moss
Associé : Jay Vanos
avec Scott Nakao, Carol Hove,
Todd Conversano, Alfred Chow,
Diane Gourdal
Entreprise : Scott Gates
Construction Co. Inc.

Remerciements à :
Deborah Sussman
Maureen et Eric O. Moss

ERIC OWEN MOSS
47 ans
vit et travaille à Los Angeles
Diplômé de l'université de
Berkeley 1968 et de l'université
de Harvard 1972
Enseignant à SCIARO depuis 1974
Agence créée en 1976
Principales réalisations
1976
Triplex à Playa del Rey
1979
Bureau et entrepôts Morgenstern
à Los Angeles
1979
Logements en co-propriété
à Pasadena
1984
Maison « Petal » à Los Angeles
1985
Banque World Savings and Loan
à Los Angeles
1989
Bureau central de logements de
l'université d'Irvine, à Irvine
1989
Bâtiments Lindblade Tower
et Paramount Laundry
à Culver City
1990
Bureaux « National »
à Culver City

ARCHITECTURE & CIE
ÉTAT & LIEUX

1
*CHRISTIAN DE
PORTZAMPARC*
LA CITÉ DE LA MUSIQUE
Paris, La Villette

2
*JEAN NOUVEL
& JEAN-MARC IBOS*
NÉMAUSUS
114 appartements sociaux
à Nîmes

3
*JEAN NOUVEL
& ASSOCIÉS,
PHILIPPE STARCK*
NOUVEAU THÉÂTRE
NATIONAL DE TOKYO
Japon

4
BERNARD TSCHUMI
CINÉGRAMME FOLIE
LE PARC DE LA VILLETTE
Paris, La Villette

5
PARC VILLE VILLETTE
Paris dix-neuvième
*PAR ISABELLE AURICOSTE
& HUBERT TONKA*

6
HENRI GAUDIN
AU 44, RUE DE
MÉNILMONTANT
36 appartements dans Paris
Photographies
de Gaston Bergeret

7
ARCHITECTURE STUDIO
STIMULI
ARCHITECTURE, COMMUNICATION,
PUBLICITÉ

8
INSTITUT DU MONDE ARABE
Une architecture de
JEAN NOUVEL, GILBERT LEZÉNÈS,
PIERRE SORIA,
ARCHITECTURE STUDIO
*PAR JEAN NOUVEL
& HUBERT TONKA*
Photographies de Georges Fessy

9
HENRI GAUDIN
EXTENSION DU COLLÈGE
TANDOU
Paris dix-neuvième
Photographies de Georges Fessy

10
DOMINIQUE PERRAULT
ESIEE
ÉCOLE SUPÉRIEURE D'INGÉNIEURS EN
ÉLECTROTECHNIQUE
ET ÉLECTRONIQUE,
Marne-la-Vallée, Cité Descartes
Photographies de Georges Fessy

11
*FRANÇOISE-HÉLÈNE
JOURDA,
GILLES PERRAUDIN*
ÉCOLE D'ARCHITECTURE
DE LYON
Photographies de Georges Fessy

12
SHIN TAKAMATSU
KIRIN PLAZA
Osaka, Japon
Photographies de Katsuaki
Furudate, Ryuji Miyamoto,
Tahara Keiichi, Yoshio Shiratori

13
CHRISTIAN HAUVETTE
CHAMBRE RÉGIONALE DES
COMPTES DE BRETAGNE
Rennes
Photographies de Georges Fessy

14
JACQUES HONDELATTE
LOGEMENT
MYTHOGENÈSE & MÉLANCOLIE

15
LA GRANDE ARCHE
TÊTE DÉFENSE
Paris - La Défense
Une architecture de JOHAN OTTO
VON SPRECKELSEN, PAUL ANDREU
*PAR PAUL ANDREU &
HUBERT TONKA*

16
CHRISTIAN HAUVETTE
CROISEUR LUMIÈRE
ÉCOLE NATIONALE LOUIS-LUMIÈRE,
Marne-la-Vallée
Photographies de Georges Fessy

17
ALAIN SARFATI
INTÉRIEUR VILLE
7/9, RUE SCHOELCHER,
Paris
Photographies de Georges Fessy

18
FRANK O. GEHRY
HERMAN MILLER
UNE UNITÉ DE PRODUCTION ET DE
DISTRIBUTION DE LA RÉGION OUEST
(USA) DES MEUBLES HERMAN MILLER,
Rocklyn, Californie
Textes et Photographies
de Olivier Boissière

19
FRÉDÉRIC BOREL
100, BOULEVARD DE
BELLEVILLE
Paris vingtième
Photographies de Nicolas Borel

20
*CHRISTIAN DE
PORTZAMPARC*
ÉCOLE DE LA DANSE DU BALLET
DE L'OPÉRA DE PARIS
à Nanterre
Photographies de Georges Fessy

21
HENRI GAUDIN
LES ARCHIVES DE LA VILLE
DE PARIS
Photographies de Georges Fessy

22
DOMINIQUE LYON
LE MONDE
SIÈGE SOCIAL
Paris Quinzième
Photographies de Georges Fessy

23
ERIC OWEN MOSS
LINDBLADE TOWER &
PARAMOUNT LAUNDRY
Culver City, USA
Photographies de Olivier Boissière

ARCHITECTURE & CIE
ÉTAT & LIEUX
Collection dirigée
par Hubert Tonka

Aux Editions du Demi-Cercle
29, rue J.-J.-Rousseau
75001 Paris (France)

Concept narration :
Hubert Tonka & Olivier Boissière

Concept graphique, maquette,
& fabrication :
Hubert Tonka
Conseil artistique :
Jeanne-Marie Sens

Photographies :
Olivier Boissière,
excepté p. 18 H., p. 19 d., p. 20, p.
34 H., p. 35 H. d. : Alex Verticoff ;
p. 33 B. : Todd Conversano ; p. 2,
p. 18 B., p. 23, p. 28 B.d., p. 35 H.
g. et B. : documents Eric O. Moss

Traduction :
Kenneth Hylton

Couverture :
Concept, Hubert Tonka ;
Direction artistique,
Jeanne-Marie Sens
Photographie,
Olivier Boissière

Photogravure,
quadrichromie :
Graphotec (France)
noir & blanc :
Vercingétorix (France)
Papier intérieur :
Zanders (Allemagne)
Papier de garde :
Faczuo (France)
Composition, impression
& brochage :
Néo-Typo (France)

© 1990 Ed. du Demi-Cercle
Dépôt légal : 4837
1er trimestre 1990
ISBN 2-907757-24-5
ISSN 1147-3371